Der Vorkoster

Text: Silke Wolfrum | Illustrationen: Lena Hesse

In Pöckl an der Öl regierte ein König, der so hundsgemein war, dass ihn alle nur den fiesen Fritz nannten.

Er hatte ein Herz aus Eis und war so abgrundtief niederträchtig, abscheulich, boshaft, widerwärtig, grausam und grässlich, dass seine Untertanen regelmäßig versuchten, ihn mit ungenießbaren Speisen aus dem Verkehr zu ziehen. Fast täglich wurde versucht, ihn zu vergiften, aber ohne Erfolg.

Denn: Der König nahm keinen Schluck zu sich und aß keinen Bissen, bevor dieser nicht von einem Profi-Vorkoster probiert worden war. Das hatte zur Folge, dass der König dauernd hungrig war und zweitens – nun ja, dass es mittlerweile keine Profi-Vorkoster mehr gab.
Deshalb sollte jetzt Manni, der Vorsänger, den Job übernehmen.

Feierlich rollten mehrere Köche auf kleinen goldenen
Wägelchen ein Festessen herein. Töpfe dampften
und zischten, und dem fiesen Fritz lief das Wasser im Mund
zusammen. Manni hingegen hatte gar keinen Appetit.
»Du probierst das jetzt«, sagte der fiese Fritz mit
einer Stimme, die so kalt war wie eine Tiefkühltruhe
voller Eiswürfel, »und wenn du's überlebst, dann esse ich's!«
»Ach«, sagte Manni in seiner Verzweiflung, »warum denn
so lange warten? Bis dahin ist doch alles kalt!«
»Ha ha«, erwiderte der fiese Fritz äußerst gemein.

»Außerdem bin ich ja gar kein richtiger Vorkoster«, versuchte
Manni es wieder, »ob ich das Essen überlebe oder nicht,
sagt also gar nichts aus. Ich bin kein Profi!«
»Du probierst das jetzt«, sagte der König. Seine Stimme klang
jetzt so eiskalt, dass jedes einzelne Haar an Mannis Kopf gefror.
»Außerdem bin ich Allergiker«, fuhr Manni fort und klapperte
mit den Zähnen, »ich vertrage kein Gemüse und auch kein
Fleisch und auch kein Getreide und auch kein – «

»DU – PROBIERST – JETZT!«, sagte der fiese Fritz und bekam
von seinen eigenen Worten einen Schüttelfrost. Dazu knurrte
sein Magen so laut, dass ein Kronleuchter von der Decke fiel.
Manni sah auf die duftenden und dampfenden, aber vermutlich
wieder mal vergifteten Speisen. Was sollte er jetzt bloß tun?
»Okay, ich mach's«, sagte er.
Triumphierend griff der fiese Fritz zu Messer und Gabel.
»Aber nur unter einer Bedingung«, sagte Manni. »Ich bin ja
eigentlich ein Vorsänger und kein Vorkoster. Lass mich also
ein letztes Mal ein Liedchen trällern.«
»Hpfgrumpf, na gut«, sagte der fiese Fritz mega-grimmig
und mega-hungrig.

Also begann Manni zu singen. Er sang das Lied von den lustigen Leberwürsten und dem eingelegten Lauch und dabei schilderte er Duft, Geschmack und Würze dieser Speisen so anschaulich, dass dem König das Wasser so im Mund zusammenlief, dass sich kleine Seen und Wasserfälle bildeten.

Manni trällerte von süßen Salzgurken und Popcorn mit Pilzen,
bis sich der fiese Fritz nicht mehr beherrschen konnte.
Er war so verdammt hungrig! Mit einem Jaulton stürzte er sich
auf das Essen, stach mit der Gabel in einen roten Pilz mit weißen
Punkten, führte ihn zum Mund und –
»HALT!«, schrie Manni, »nicht!«

Der König hielt inne. Die Gabel in seiner Hand zitterte. Die Köche hielten die Luft an. Die Wächter kniffen die Ohren zusammen.

»Na ja«, sagte Manni verlegen, »der könnte vergiftet sein.«

Und weil er einfach ein guter Kerl war und schon immer für Frieden und Eierkuchen gelebt hatte, holte er aus seiner hinteren Hosentasche eine alte Leberkässemmel, die er dort immer für Notfälle stecken hatte, riss sie in zwei Stücke und reichte eines davon dem König.

Der biss hinein, kaute und schluckte.

Diese Leberkässemmel schmeckte besser als alles, was er in seinem ganzen königlichen Leben gekostet hatte. Dem König kamen die Tränen. Dieser Manni hatte diese köstliche Semmel mit ihm geteilt, obwohl er doch so ein gemeiner König war!

Der fiese Fritz war gerührter als ein Rührkuchen, ja er war so voller Rührung, dass sein Herz aus Eis schmolz und warm wurde wie Schokoladenfondue.

Von diesem Tag an waren Fritz und Manni Freunde, und der
fiese Fritz wurde so liebenswürdig, nett, zuvorkommend,
einfühlsam und goldig, dass er nur noch »der freundliche Fritz«
genannt wurde. Manni musste nicht mehr vorkosten, sondern
durfte wieder singen, als allererster königlicher Vorsänger.

Er sang nun bei jeder Mahlzeit, und die Wächter
und Köche tanzten Rumba dazu.

Silke Wolfrum Jahrgang 1973, hat Romanistik und Germanistik in Bamberg, München und Paris studiert und schreibt heute Kinderbücher sowie Geschichten, Hörspiele und Features für den Hörfunk. Sie lebt in München und hat zwei Kinder.

Lena Hesse wollte Feuerwehrfrau, später Sängerin, Akrobatin, Surflehrerin und schließlich Fotografin werden, dann aber kam ihr auf einer Reise durch Spanien ihre Kamera-Ausrüstung abhanden. Sie verlegte sich aufs Zeichnen und Schreiben. Seitdem hat sie zahlreiche Bilderbücher veröffentlicht und ihre Berufswahl nicht mehr in Frage gestellt. www.lenahesse.com

Die Neue am Baum

Text: Gundi Herget | Illustrationen: Mascha Greune

D ie dicke Goldene wusste es als Erstes. Weil sie so groß war, lag sie in ihrer eigenen Schachtel ganz oben auf dem Stapel im Kellerregal. Es war mitten in der Adventszeit, als sie bemerkte, wie etwas neben sie gestellt wurde.

Das konnte nur eines bedeuten. Sie wartete einen Moment, dann säuselte sie: »Frohes Fest!« Um ganz sicherzugehen. So lautete der Gruß der Christbaumkugeln. Auch wenn gerade nicht Weihnachten war.

Tatsächlich! Eine unbekannte Stimme flüsterte zurück: »Frohes Fest.«

Das hörten auch die Kugeln eine Schachtel tiefer.

Sie erzählten es nach unten weiter, und so drang die Kunde von einer neuen Kugel bis zu den alleruntersten Schachteln.

»Ach du dicke Kugel«, klackerte die klassische Rote.

»Heiliger Bimbam!«, klingelten die Glöckchen aufgeregt.

Der alte Weihnachtsstern aber knurrte grimmig. »Eine schöne Bescherung!« Eine neue Kugel! Das hatte es in all seinen Jahren als Christbaumspitze noch nie gegeben!

Denn es war so: Sie waren alle Erbstücke. Selbst die Jüngsten hatten über 50 Weihnachten gefeiert, die Ältesten mindestens 100! Darauf waren sie sehr stolz. Ungefähr jedes Vierteljahrhundert waren neue Baumschmücker an der Reihe. Die ehemaligen Baumschmücker kamen nun zu Besuch, und zukünftige kleine Schmücker wuchsen auch immer schon heran.

17

Die Christbaumkugeln liebten es, sich Geschichten
von früher zu erzählen. Wie – heilige Maria und Josef! –
eine von ihnen heruntergefallen und nicht kaputtgegangen war.
Wie – oh du gar nicht Fröhliche! – einmal der Baum gebrannt
hatte. Seither gab es elektrische Kerzen.
Wie da einmal eine schreckliche Katze gewesen war,
die immer versucht hatte, mit ihrer Pfote die untersten
Kugeln herunterzuschlagen.

Noch verrückter als die Sache mit der Katze
erschien dem alten Stern das mit der neuen Kugel.
Die konnte doch gar nicht mitreden!
Also gehörte sie auch nicht dazu!

Als Weihnachten fast da war, kamen alle Schachteln
nach oben. Im Wohnzimmer stand der
Tannenbaum und war noch nackig.
Die Baumschmücker steckten den Stern an den
nur ihm zustehenden Platz und holten die
Christbaumkugeln aus ihrem Zuhause.
Zuletzt griff ein Schmücker nach der
Schachtel mit der Neuen. Alle verhielten sich
mucksmäuschenstill. Jetzt waren sie
aber neugierig!

Der Schmücker packte die Neue aus.
Sie schimmerte sehr blau.
Silbrige Schneeflocken sprenkelten
ihren Bauch. Von irgendwo am
Baum kam ein leises »Oooh«.

Aber der Stern wusste, was er zu tun hatte. Als sie wieder allein waren, legte er gleich los: »Wisst ihr noch, wie einmal der Baum umgefallen ist?«

»Oh ja«, hauchte die klassische Rote sofort. Sie war heimlich verliebt in den Weihnachtsstern. »Ich bin vom Zweig in deine Richtung gerollt.«

»Und wisst ihr noch…«

Weiter kam er nicht, denn die Glöckchen platzen heraus:

»Wo kommst du denn her?«

»Aus der Fabrik«, flüsterte die Neue schüchtern.

»… wie einige von euch neue Hütchen bekommen haben?«, rief der Stern. Die Rote wollte eben antworten, da fragten die Glöckchen, ein silberner Zapfen und die dicke Goldene gleichzeitig: »Der Fabrik?«

»In China.«

»Und wie einmal die Schmücker …?«, dröhnte der Stern.

»China?«, fragten jetzt alle auf einmal.

Der Weihnachtsstern gab es auf. Dafür begann die Neue zu erzählen.

Sie erzählte von einer Fabrik
mit großem Lärm, von Maschinen,
die sich drehten, von Fließbändern,
über die sie rollte, von einer
langen Reise im Schiff bis zu ihnen.

Fabrik? Maschinen? Fließbänder? So eine Geschichte hatten sie noch nie gehört! Sie waren ja alle mund-geblasen und handbemalt. Einen Moment herrschte Schweigen.

Na bitte!, dachte der Stern. Jetzt wissen sie nicht, was sie sagen sollen.

Zufrieden wollte er gerade wieder zu sprechen anfangen, da räusperte sich die Allerälteste mit der Vertiefung in der Mitte.

Sie war so alt, dass ihr Lack feine Risse hatte und schon lange nicht mehr glänzte. Eigentlich fand sie sich langsam zu alt, um noch am Baum zu hängen.

»Ich komme auch von woanders her«, sagte sie.
Alle schwiegen respektvoll, denn die
alte Kugel hatte die größte Geschichte.
»Meine Schmücker sind aber zu Fuß
gegangen. Sie konnten fast nichts
mitnehmen während des großen
Krieges.« Ihre Stimme zitterte ein bisschen.
»Aber mich schon.«
»Oh!«, rief die Neue. »Dann bist du ja ganz
und gar einzigartig!« Sie dachte daran,
wie viele es von ihr selbst gegeben hatte.
»Ja, ganz einzigartig«, sagte die
alte Kugel stolz.

Der Weihnachtsstern schwieg missmutig. Nichts war heute so, wie er es gewöhnt war.

Alle anderen aber wollten jetzt ihre Geschichte erzählen, riefen durcheinander und konnten sich einfach nicht einigen, wer als Erstes an der Reihe sein durfte.

Da sagte die sehr alte Kugel zur Neuen: »Entscheide du, wer zuerst dran ist. Wir kennen ja unsere Geschichten.«

Die Neue warf einen scheuen Blick zur Christbaumspitze. »Der Weihnachtsstern, bitte.«

Na, immerhin!
Der Stern gab sich einen Ruck.
Und begann zu erzählen.

Gundi Herget ist Redakteurin und Autorin. Geschichten schreibt sie, seit sie lesen gelernt hat, am liebsten solche für Kinder. Die Christbaumkugelgeschichte könnte so ähnlich auch bei ihr Zuhause stattgefunden haben, denn sie hat selbst drei Schachteln mit sehr alten Kugeln geerbt. Und einen Weihnachtsstern, der immer oben auf der Christbaumspitze steckt.

Mascha Greune arbeitet als Illustratorin. Sie zeichnet alles, vom ganz kleinen Floh bis zum riesigen Wimmelbild, für Kinder und Erwachsene. In ihrer Weihnachtskiste auf dem Dachboden befindet sich ebenfalls eine sehr alte, mundgeblasene Christbaumkugel. Sie ist rosa, sieht aus wie eine Zwiebel und ist von silbernen Fäden umwickelt. Bisher hat sie nicht verraten, woher sie stammt. www.maschagreune.de

Wortsport

Text und Illustration: Stefanie Duckstein

Die Eintopfeinladung

Text: Renus Berbig | Illustrationen: Antje Drescher

Seit Ibis, der Löffelreiher, einen Topf im Teich gefunden hat, hat er das Kochen entdeckt.

„Das ist voll mein Ding", schwärmt er. „Ich liebe es, umzurühren und zu kosten."

„Ach", staunt Wilma Wildschwein, „was kochst du denn so?"

„Teichwasser", erklärt Ibis. „Und alles, was da so drin rumschwimmt."

„Hm", meint Wilma wenig begeistert. „Da muss noch mehr rein", empfiehlt sie. „Eicheln, Bucheckern und Zwiebelschalen. Dann schmeckt das erst richtig gut."

„Sind das nicht zu viele Zutaten?", fragt Ibis.

„Quatsch", sagt Wilma, „das kann alles da rein. Und noch viel mehr. So was nennt man Eintopf: ganz feine Schweineküche."

„Ist ja toll", freut sich Ibis. „Das müssen wir feiern!"
Er schickt an alle Freunde eine EINTOPFEINLADUNG:
„Bringt mit, was euch schmeckt, und dann kochen wir zusammen."
Am Tag des Festes steht Ibis vor dem Topf und rührt schon mal.
„Ibis Schätzchen, das ist ja rührend von dir", ruft Daxi Dachs.
„Danke für die Einladung!" Sie wirft ein paar besonders würzige
Wurzeln in den Topf.
„Wirklich röhrend!", röhrt Harry Hirsch. Er hält Ibis ein kleines
Tannenbäumchen hin. „Hier, mein Lieber, den können wir auch
eintopfen."
Drossel Gina lässt beschwingt einen Schwung Wacholderbeeren
in die Suppe ploppen. „Selbst gepflückt", zwitschert sie.
Da kommen Hanni und Nanni, die Kühe, und rühren reichlich Heu
in die Brühe.

„Mmh, das sieht ja köstlich aus! Was is'n das?",
fragt Tolli, der Hecht.

„Wiesengräser aus biologischem Anbau, kleingeschnitten und luftgetrocknet", erklärt Hanni.
„Wow!", Tolli staunt. „Macht das nicht furchtbar viel Mühe?"
„Ach I wo", kichern die Kühe, „die holen wir beim Bauern."

„Hat jemand einen Dosenöffner?", fragt Bernhard Bernhardiner. „Ich habe hier eine Schlemmer-Mahlzeit in Gelee." Doch leider hat niemand einen.

„Seht mal, was ich hier noch habe." Bianca Gans öffnet
ihre Vorratsdose. „Wie frisch gepflückt."
„Gänseblümchen im Winter?", wundert sich Gina.
„Die hab ich im Sommer tiefgefroren", freut sich Bianca.

„Und jetzt Dackel drauf!" Vitus von Cläff springt
auf den Topf und passt auf, dass niemand nascht.
„Zu Tisch, bitte!" Ibis teilt die Suppe aus und alle
fangen an, fröhlich zu schlabbern und zu schlürfen.

„Schmeckt's?", fragt Ibis.

„Und wie!" Hanni und Nanni sind begeistert.

Tolli nickt. Bianca lächelt fein. „Unvergleichlich",
säuselt sie. Daxi sagt nix.

Gina hat Ideen, wie sie das Rezept noch
verbessern könnte.

„Salz wäre gut", schlägt Harry vor.

Und Bernhard träumt von einem Dosenöffner.

Für die nächste Eintopfparty.

Renus Berbig lebt in Berlin und München. Er schreibt Geschichten
und Hörspiele fürs Radio, wo er ein geheimnisvolles Doppelleben
als Sonntagshuhn führt. Außerdem sind von ihm mehrere Kinderbücher erschienen, zuletzt das Bilderbuch »Tapetentier & Holzvogel«
im Tulipan Verlag.

Antje Drescher wurde 1972 in Rostock geboren, studierte an
der FH Hamburg Illustration und arbeitet seit 1999 für verschiedene
Verlage im Kinder- und Jugendbuchbereich.
www.antje-drescher.de

Sachen machen

von Muriel Rathje und Anke Elbel

Na, schmeckt's?

Alles in einen Topf werfen? Super Idee!
Eine Eintopfparty kannst
Du auch zu Hause veranstalten.
Du brauchst nur einen Topf und
ein paar bunte Kochzutaten nach
Deinem Geschmack. Guten Appetit!

DAS BRAUCHST DU DAZU:
(für ein Kind und einen Erwachsenen)

Schneidebrett, Löffel, Kochlöffel
ein Messer und einen Schäler

Karotten

eine kleine
Zwiebel

bunte
Paprika

Kirsch–
Tomaten

Pflanzenöl

einen kleinen Topf

1 ## SCHÄLEN UND SCHNIPPELN
Lege das Schneidebrett, einen
Schäler und ein Messer bereit.
Schäle die Karotte und die Zwiebel.
Schneide sie auf dem Brett klein.
Du brauchst 1/2 Glas Zwiebelwürfel
und 1 Glas Karottenstückchen.

WICHTIG!
Mach Arbeiten am Herd
und mit scharfen Werkzeugen
zusammen mit einem
Erwachsenen.

TIPP:
Mit dem kleinen Glas kannst Du
Zutaten abmessen und Mengen gut
vergleichen.

2 ## MEHR GEMÜSE KLEIN SCHNEIDEN
Wasche Tomaten und Paprika und schneide
alles klein. Du kannst statt Paprika auch
ein anderes Gemüse verwenden, das
Du magst. Vielleicht Brokkoli? Hauptsache
bunt! Schneide so viel klein, dass Du je
1 Glas voll hast.

3 ## ANDÜNSTEN
Gib 1 EL Öl in den Topf und brate
die klein geschnittenen Zwiebeln,
Karotten und Paprika, bis sie
etwas weich sind und gut duften.

ein kleines Glas
(ca. 125 ml)
zum Abmessen
der Zutaten

Mais (TK)

Erbsen (TK)

Nudeln

Gemüsebrühe

Sahne

Salz

Pfeffer

4 ALLES REIN

Jetzt kommt alles in den Topf.
Gib ein halbes Glas Erbsen, ein Glas Tomaten,
ein Glas Mais, ein Glas Nudeln, zwei Gläser
Brühe und ein halbes Glas Sahne dazu, so dass
es eine dickflüssige Suppe ergibt.

5 BLUBBERN LASSEN

Lass den Eintopf
etwa 10 Minuten
köcheln.
Rühre ab und zu um.

6 FERTIG

Probiere den fertigen Eintopf.
Jetzt kannst Du noch mit
Salz, Pfeffer und Kräutern
nach Lust und Laune würzen.
Die Eintopfparty kann losgehen.
Zusammen schmeckt es
am besten!

Lesespaß
für ein ganzes Jahr!

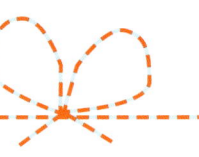

10% Rabatt*
im Gecko-Onlineshop
mit dem Gutschein-Code
»GESCHENK«

Illu: Judith Drews

1x schenken, 6x freuen! Ein ganzes Jahr voll mit bunten Geschichten, Gedichten, Sprachspielen und Mitmachseiten! Im Gecko-Onlineshop kannst Du das **Gecko-Geschenkabo** ganz einfach bestellen. Der oder die Beschenkte bekommt Gecko ein Jahr lang direkt in den Briefkasten geliefert. Das Geschenkabo endet automatisch! Eine Geschenkurkunde zum Ausdrucken gibt es zum Herunterladen dazu. Das Beste: Mit dem Gutscheincode »GESCHENK« schenkt Gecko Dir **10% Rabatt auf Dein Geschenkabo!**

www.shop.gecko-kinderzeitschrift.de

*Gilt nur für die Bestellung eines Geschenkabos, gültig bis 15.12.2022 Keine Barauszahlung möglich. Nicht für die Verlängerung bestehender Abos einlösbar. Einlösbar im Warenkorb auf www.shop.gecko-kinderzeitschrift.de

Fremd-Wörter

Tümpel
kleiner See

Gerät zum Reinigen von Abflüssen

altes griechisches Gebäude

Nixe
Frau mit Zauberkräften

Gerät zum Teigmischen

Meerjungfrau

Radieschen
kleine Kaninchenrasse

Kinderkrankheit

gesundes Gemüse

Knallfrosch
Kröte, die laute Geräusche macht, wenn sie gereizt wird.

peng! peng!

Feuerwerkskörper

peng!

Startpistole bei Wettläufen

Kohlrabi
Mächenfigur

Gemüsesorte

schwarzer Vogel

Nur einer der drei Vorschläge ist richtig. Welcher?

Text und Illustration: Bettina Bexte

SCHROTT ZOO

Modelle und Foto: Annika Øyrabø

DER DEOROLLER

DIE SAUCENFLASCHE

DER DEOBALL

DIE PLASTIKPERLEN

DER EIERKARTON

DIE TUBENDECKEL

DIE WASCHMITTELDECKEL

COOL! DRAUSSEN BEI DER
GROSSEN PFÜTZE WURDE
EINE EISBÄRENFAMILIE GESICHTET!

ENTDECKST DU DIE DINGE,
AUS DENEN DIE EISBÄREN
GEBAUT WURDEN?
BAU DIR SELBER EINEN EISBÄREN,
AUS SACHEN, DIE DU ZU HAUSE
FINDEST!

MACH MAL

k WIE kochen

Das ABC der Tunwörter

von Ina Hattenhauer

auf kleiner Flamme
kochen

Kaffee kochen

scharf
kochen

gemeinsam
kochen

vegetarisch
kochen

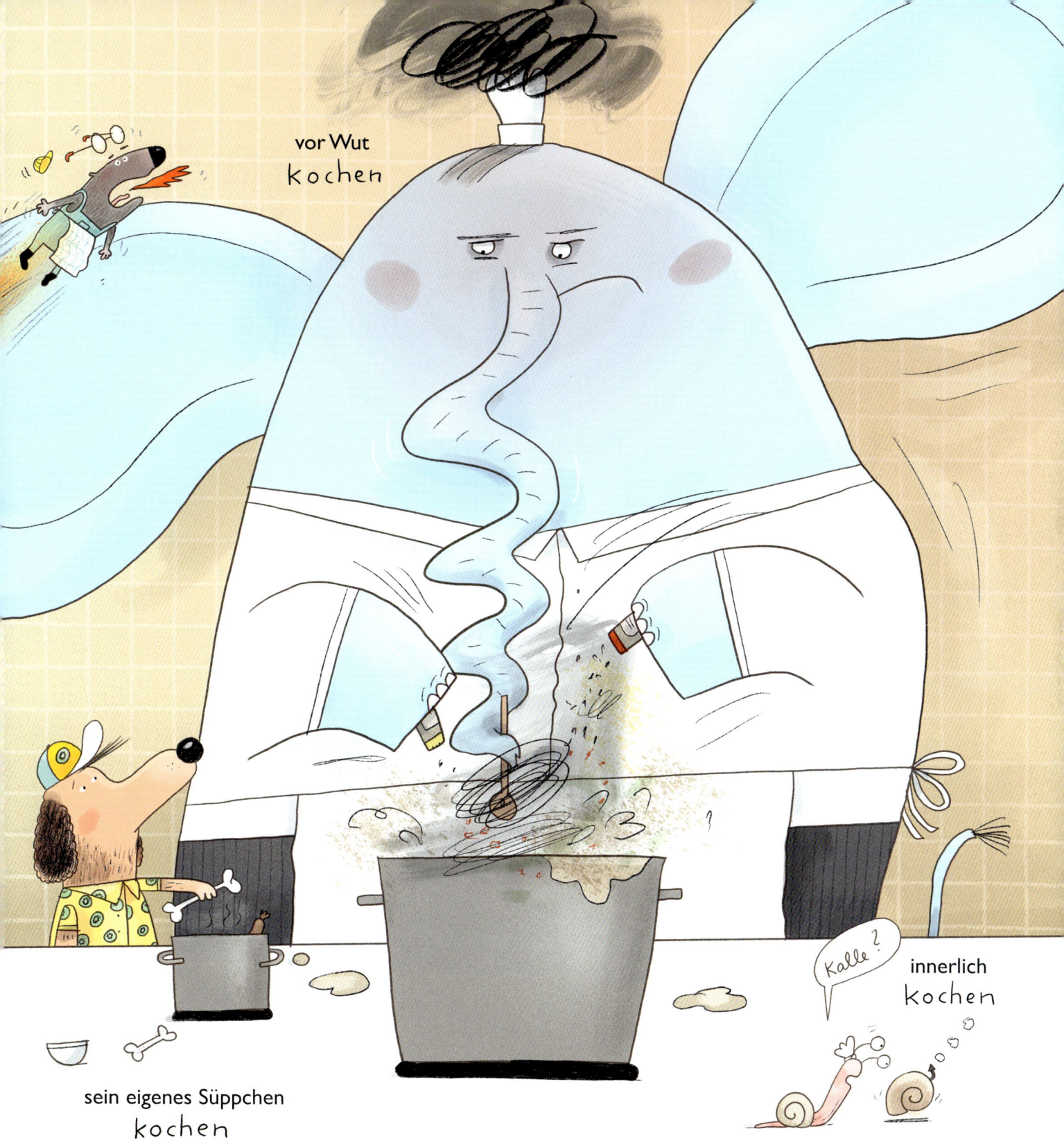

vor Wut
kochen

sein eigenes Süppchen
kochen

Kalle?

innerlich
kochen

Mach mit! Und kennst du noch mehr Tunwörter, die mit k anfangen?

45

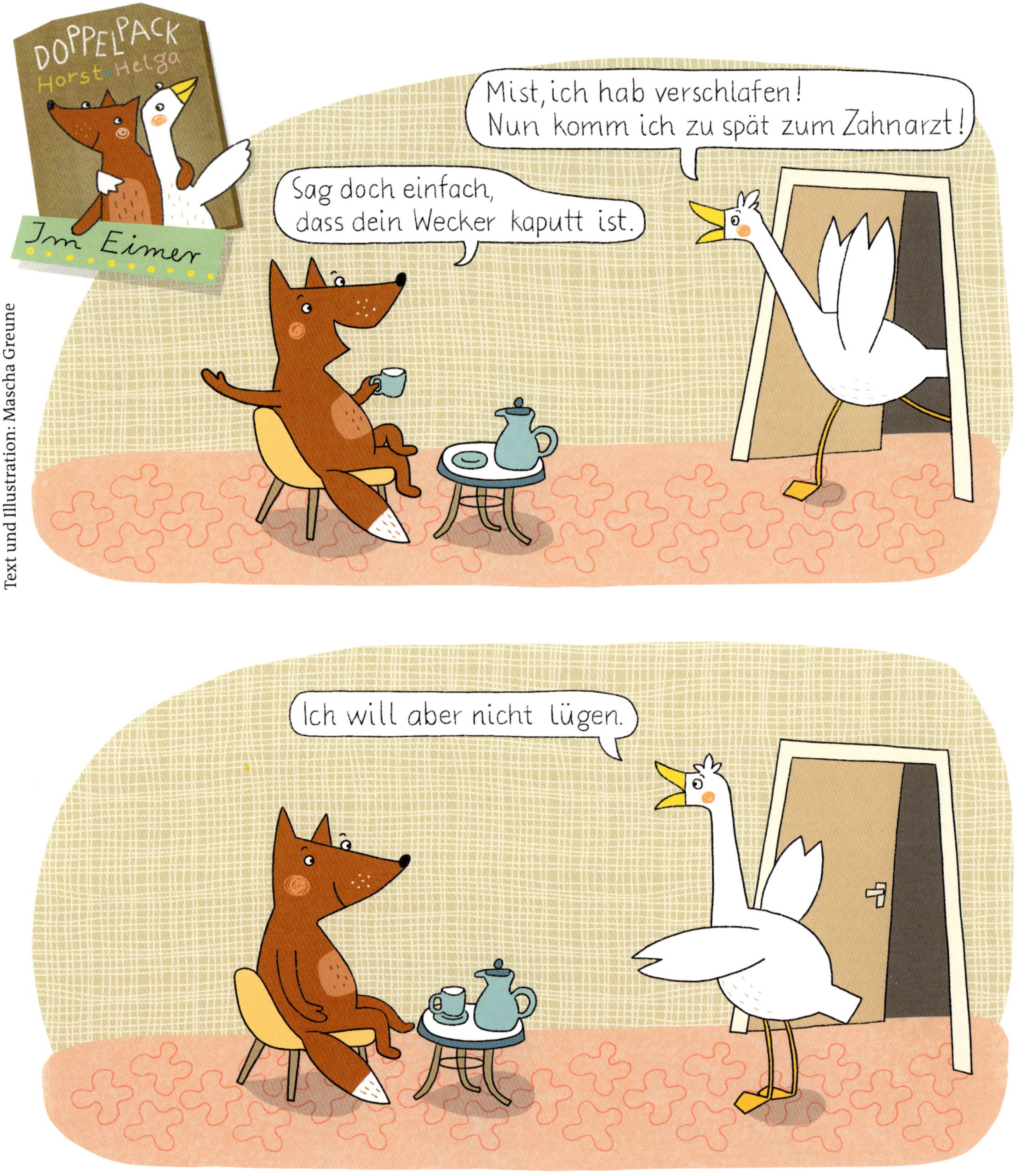

Text und Illustration: Mascha Greune

Horst und Helga gibt es nur im Doppelpack. Sie sind beste Freunde! Auch wenn es oft Missverständnisse gibt. Denn auch Worte gibt es oft im Doppelpack: ein Wort, zwei Bedeutungen. Welcher Ausdruck ist es diesmal?

Text: Michael Augustin | Illustration: Dorothea Blankenhagen

Hallo, kleiner Kartoffelkäfer

Was willst du heute essen?

Pellkartoffeln?
– Nee!

Süßkartoffeln?
– Nee!

Salzkartoffeln?
– Nee!

Bratkartoffeln?
– Nee!

Kartoffelsalat?
– Nee!

Kartoffelpuffer?
– Nee!

Kartoffelknödel?
– Nee!

Kartoffelpfannkuchen?
– Nee!

Oder Pommes Frites?
– Nee!

Ja, was willst du denn nun essen?

– Spaghetti natürlich! Was denn sonst!

Gecko kommt gern zu dir nach Haus!

Gecko lesen macht im Abo am meisten Spaß. Alle 2 Monate landet die neueste Ausgabe in deinem Briefkasten. Einfach die Postkarte ausfüllen, ausschneiden, abschicken und sich drauf freuen!

Gecko abonnieren

○ **Ja, ich bestelle ein Gecko-Jahresabonnement** zum Preis von € 41,80 für 6 Ausgaben pro Jahr. Den Bezug kann ich jederzeit beenden.

○ **Ja, ich möchte ein 3-Hefte-Schnupperabo** für insgesamt € 20,90. Bestelle ich Gecko zwei Wochen nach Erhalt des dritten Heftes nicht ab, beziehe ich Gecko weiter zum Abo-Preis von € 41,80 für 6 Ausgaben pro Jahr. Den Bezug kann ich jederzeit beenden.

○ **Ja, ich möchte ein Gecko-Abonnement verschenken.** Der oder die Beschenkte erhält Gecko 6x zum Abo-Preis von € 41,80. Nach sechs Ausgaben endet der Bezug des Geschenkabos automatisch. Bitte vermerken Sie die Lieferadresse auf der Rückseite dieser Karte.

○ **Ja, ich möchte ein Mini-Geschenkabo.** Der oder die Beschenkte erhält Gecko 3x zum Abo-Preis von € 20,90. Nach drei Ausgaben endet der Bezug des Geschenkabos automatisch. Bitte vermerken Sie die Lieferadresse auf der Rückseite dieser Karte.

Alle Preise beinhalten MwSt. und Versand.

Sie möchten Gecko ins Ausland bestellen oder haben Fragen? Den Gecko-Leserservice erreichen Sie unter:
Telefon +49 (0) 89-85 85 35 32
E-Mail: abo@gecko-kinderzeitschrift.de

○ **Ich zahle gegen Rechnung (bitte Rechnung abwarten)**

○ **Ich zahle bequem per SEPA-Lastschrift:** Rathje & Elbel GbR, München, Gläubiger-Identifikationsnummer: DE59ZZZ00001113146
SEPA-Lastschriftmandat: Ich ermächtige Rathje & Elbel GbR, Zahlungen von meinem Konto mittels Lastschrift einzuziehen. Zugleich weise ich mein Kreditinstitut an, die von Rathje & Elbel GbR auf mein Konto gezogenen Lastschriften einzulösen. Hinweis: Ich kann innerhalb von acht Wochen, beginnend mit dem Belastungsdatum, die Erstattung des belasteten Betrages verlangen. Es gelten dabei die mit meinem Kreditinstitut vereinbarten Bedingungen.

Kontoinhaber

IBAN

Name des Kreditinstituts / BIC

Ort, Datum, Unterschrift

Diese Bestellung kann ich innerhalb von 10 Tagen schriftlich (per Post oder E-Mail) widerrufen. Zur Fristeinhaltung genügt die Absendung des Widerrufs innerhalb der 10 Tage (Poststempel bzw E-Mail-Versand). Diese Angebote gelten nur in Deutschland und Österreich. Weitere Auslandspreise erhalten Sie auf Anfrage bei unserem Leserservice: Telefon +49 (0)89-85 85 35 32, E-Mail: abo@gecko-kinderzeitschrift.de Rathje & Elbel GbR, Camerloherstraße 40, 80686 München. Unsere Datenschutzerklärung finden Sie unter www.gecko-kinderzeitschrift.de/datenschutz/

Ich habe Gecko kennengelernt über:

○ Buchhandlung   ○ Presse   ○ Internet   ○
○ Arztpraxis   ○ Freunde   ○ Kindergarten   ○ Bibliothek

Gecko weiterempfehlen

✗ Der neue Abonnent:

○ **Ja, ich bestelle ein Gecko-Jahresabonnement** zum Preis von € 41,80 für 6 Ausgaben pro Jahr. Den Bezug kann ich nach Erhalt der sechsten Ausgabe jederzeit beenden.

○ **Ja, ich verschenke ein Gecko-Abonnement** zum Preis von € 41,80. Nach sechs Ausgaben endet der Bezug des Geschenk-Abonnements automatisch.

✗ Der Empfänger des Posters:

○ **Ich habe einen neuen Gecko-Abonnenten geworben** und erhalte das ABC-Poster.

Name, Vorname des Werbers

Straße, Hausnummer

PLZ, Ort

Telefon   E-Mail-Adresse

Name, Vorname des Kindes   Geburtsdatum

Name, Vorname des Bestellers

Straße, Hausnummer

PLZ, Ort   Land

E-Mail-Adresse   Telefon

Versandadresse bei Geschenkabos:

Name, Vorname des Beschenkten   Geburtsdatum

Straße, Hausnummer

PLZ, Ort   Land

Das Abo beginnt mit der jeweils aktuellen Ausgabe. Der neue Abonnent und der Empfänger des Posters dürfen nicht identisch sein. Die Zusendung des Posters erfolgt nach Eingang der Zahlung des neuen Abonnenten. Sie müssen nicht selbst Abonnent sein, um einen neuen Abonnenten zu empfehlen. Dieses Angebot gilt nur, solange der Vorrat reicht. Auslandsangebote auf Anfrage.

Ist die Postkarte schon weg?

Macht nichts, denn das Gecko-Jahresabo, das Geschenkabo, das Schnupperabo und das Prämienabo bekommst du auch im Gecko-Onlineshop (www.gecko-kinderzeitschrift.de/shop) und beim Gecko-Leserservice: Telefon +49 (0) 89-85 85 35 32, Telefax +49 (0) 89-85 85 36 25 32, E-Mail: abo@gecko-kinderzeitschrift.de

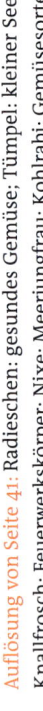

Bitte ausfüllen:

Name, Vorname des Kindes   Geburtsdatum

Name, Vorname des Bestellers

Straße, Hausnummer

PLZ, Ort   Land

E-Mail-Adresse   Telefon

Versandadresse bei Geschenkabos:

Name, Vorname des Beschenkten   Geburtsdatum

Straße, Hausnummer

PLZ, Ort   Land

Bitte ausreichend frankieren

Antwort

Cover Service GmbH & Co. KG
Aboservice Gecko Kinderzeitschrift
Bajuwarenring 14
82041 Oberhaching

Bitte ausfüllen (neuer Abonnent):

○ **Ich zahle gegen Rechnung (bitte Rechnung abwarten)**

○ **Ich zahle bequem per SEPA-Lastschrift:** Rathje & Elbel GbR, München, Gläubiger-Identifikationsnummer: DE59ZZZ00001113146.
SEPA-Lastschriftmandat: Ich ermächtige Rathje & Elbel GbR, Zahlungen von meinem Konto mittels Lastschrift einzuziehen. Zugleich weise ich mein Kreditinstitut an, die von Rathje & Elbel GbR auf mein Konto gezogenen Lastschriften einzulösen. Hinweis: Ich kann innerhalb von acht Wochen, beginnend mit dem Belastungsdatum, die Erstattung des belasteten Betrages verlangen. Es gelten dabei die mit meinem Kreditinstitut vereinbarten Bedingungen.

Kontoinhaber

IBAN

Name des Kreditinstituts / BIC

Ort, Datum, Unterschrift

Diese Bestellung kann ich innerhalb von 10 Tagen schriftlich (per Post oder E-Mail) widerrufen. Zur Fristeinhaltung genügt die Absendung des Widerrufs innerhalb der 10 Tage (Poststempel bzw. E-Mail-Versand). Diese Angebote gelten nur in Deutschland und Österreich. Weitere Auslands-preise erhalten Sie auf Anfrage bei unserem Leserservice, Telefon +49 (0)89-85 85 35 32, E-Mail: abo@gecko-kinderzeitschrift.de Rathje & Elbel GbR, Camerloherstraße 40, 80686 München. Unsere Datenschutzerklärung finden Sie unter www.gecko-kinderzeitschrift.de/datenschutz/

Bitte ausreichend frankieren

Antwort

Cover Service GmbH & Co. KG
Aboservice Gecko Kinderzeitschrift
Bajuwarenring 14
82041 Oberhaching

Auflösung von Seite 41: Radieschen: gesundes Gemüse; Tümpel: kleiner See; Knallfrosch: Feuerwerkskörper; Nixe: Meerjungfrau; Kohlrabi: Gemüsesorte.